LES BABOUCHES DE BACHIR

Farces et contes du désert

JACQUES GOHIER

LES BABOUCHES DE BACHIR

Farces et contes du désert

Illustrations :
Sébastien Mourrain

HACHETTE Jeunesse

Qui est l'auteur ?

Jacques Gohier est né au Mans. Aujourd'hui à la retraite, il a été conseiller principal d'éducation dans un collège de cette ville. Un séjour de plusieurs années au Sahara a laissé en lui des souvenirs indélébiles et lui a inspiré plusieurs romans, dont *L'Aventure méhariste,* qui obtint le prix de l'Académie du Maine en 1991. *Le Secret du Targui Blanc* procède de la même source de mémoire, tandis que *Les babouches de Bachir et autres farces* célèbrent l'esprit facétieux des peuples du désert...

LE SAHARA

Ouvre ton livre de géographie ou un atlas et regarde bien la carte d'Afrique.

Un mot se détache en gros caractères : SAHARA. Il se trouve représenté par une large tache de couleur, occupant une grande partie du nord de l'Afrique.

En réalité, le plus grand désert du monde est une mer de pierres et de sable.

Des siècles de vent ont agité l'entassement des dunes. Des hommes sont venus et ont mêlé leur histoire à celle du Sahara QUI REMONTE TRÈS LOIN DANS LE PASSÉ.

Lire ces contes, transmis par voie orale de génération en génération, est peut-être encore le meilleur moyen de partir à la rencontre de cette sagesse populaire, fondement de la civilisation du DÉSERT.

J.G.

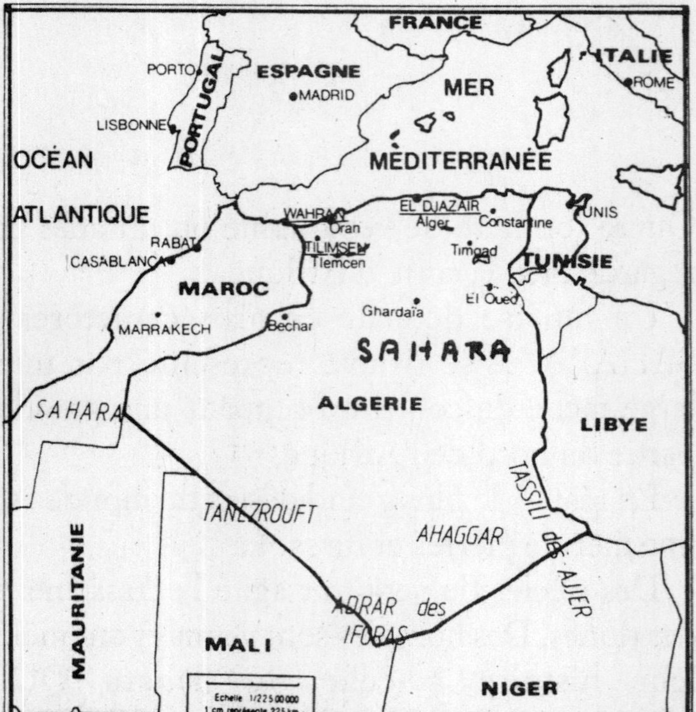

Les babouches de Bachir

Où l'on voit un homme si avare qu'il raccommodait sans cesse ses babouches de cuir, où l'on voit l'ingéniosité de sa famille soucieuse de les faire disparaître par tous les moyens... avant de subir malheur et ruine.

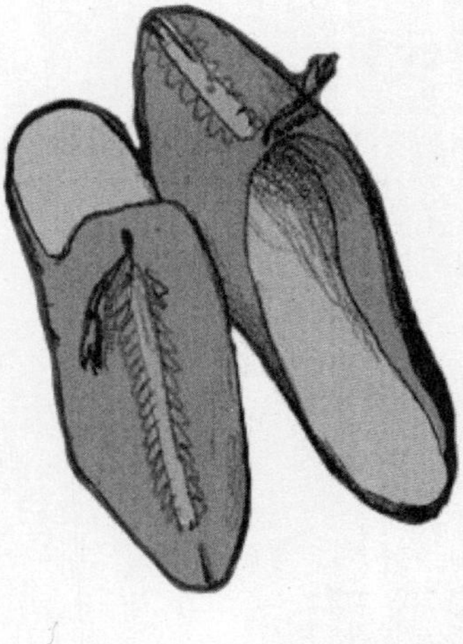

Rien ne bougeait dans la petite ville saharienne écrasée par le soleil de ce mois d'été... Les ruelles tortueuses aux murs peints à la chaux étaient désertes. De temps en temps s'imprimaient sur le sable qui tapissait le sol les pas d'une furtive silhouette noire... De minuscules boutiques aux portes de fer s'alignaient le long de la principale rue commerçante... Une étrange odeur de parfum de bois et d'épices flottait dans l'air surchauffé...

Entre la boutique du tailleur et l'échoppe

du marchand de ferraille s'ouvrait l'épicerie de Bachir. Elle débordait de produits de toutes sortes : les étagères croulaient sous le piment pilé, les tomates séchées, le fenouil, la cannelle, le cumin, le poivre doux... De petites caisses de fer-blanc étaient remplies d'aromates que l'on brûlait, ou de graines pour parfumer la pâte du pain. Au plafond pendaient les plantes destinées à teindre la laine et sur le comptoir s'empilaient des boîtes en bois dans lesquelles étaient rangées la *gardoufa,* l'*halba,* connues pour leurs vertus médicinales, la *messouak* qui blanchit les dents, ou des herbes à ajouter dans le café ou le thé. Pour atteindre le fond de l'épicerie, il fallait enjamber des dizaines de sacs de toutes tailles qui renfermaient des légumes secs, des feuilles séchées, des céréales ou des graines.

Assis sur une chaise basse, protégeant l'entrée de son capharnaüm, un bras posé sur un sac de haricots et l'autre sur un sac de lentilles, Bachir sommeillait... Sa tête, inclinée sur son gros ventre, montait et descendait régulièrement au rythme de sa respiration... Il faut dire qu'il ne passait personne à cette heure de la journée et que la chaleur était pénible à supporter en ce début d'après-midi !

Est-ce que Bachir était heureux d'être épicier ? Certainement ! Il vendait bien sa marchandise et cela lui rapportait, bon an mal an, suffisamment pour donner à sa femme Zineb, à son fils Mahmoud, à son frère Mokhtar et à son cousin le jeune Hamid, de quoi vivre correctement... Mais sans plus ! Car il avait en effet l'habitude de calculer et il connaissait la valeur de l'argent.

— Il faut vivre, manger, s'habiller, c'est certain, disait-il, mais pourquoi choisir ce qu'il y a de plus cher ou de plus précieux ? Cela ne sert à rien !

Alors il appliquait lui-même ces principes avec rigueur, persuadé que son exemple allait convaincre tous les membres de sa famille de la nécessité de réduire les dépenses !

C'est ainsi qu'il ne changeait de *djellaba* que lorsqu'elle tombait en lambeaux, ou qu'il n'achetait un nouveau *sarouel* que lorsque ce dernier ne pouvait plus être raccommodé ! Et ses vieilles *babouches* étaient devenues le symbole de cette obsession de l'économie ! Cela faisait bientôt plus de trente ans qu'il les portait, et personne, ni sa femme, ni son fils, ni son frère, ni son cousin, n'avait réussi à lui en faire changer !

Chaque fois qu'apparaissait une déchirure ou que la semelle était trop usée, il « réparait » lui-même et collait une pièce par-ci, un morceau de cuir par-là. À tel point que ses babouches étaient devenues énormes, disgracieuses, démesurées ! Et lorsque Bachir, le soir venu, sortait de son magasin pour regagner sa maison, tous les habitants du *ksar* se retournaient, surpris de voir ce brave commerçant qui marchait en se dandinant avec, à ses pieds, deux babouches ventrues comme des outres. Quant à Bachir, il souriait béatement, persuadé que ses concitoyens le considéraient comme le modèle de l'homme économe, comme la sagesse personnifiée.

Chez lui, sa femme lui reprochait son avarice : une paire de babouches, cela ne coûte pas cher tout de même ! Mais Bachir lui répondait qu'il avait la voûte plantaire fragile et qu'il n'était à l'aise que dans ses vieilles chaussures !

Tiens ! encore un trou qui se forme ! Et Bachir collait une nouvelle pièce... et les babouches continuaient d'enfler démesurément. Lorsqu'il traversait la ruelle qui le séparait de son magasin, les passants ne pouvaient pas s'empêcher de rire. Bachir, lui, était heureux de vivre dans une ville où les habitants manifestaient tant de joie et de plaisir à le rencontrer !

Tout le monde finit par connaître les « babouches de Bachir ». Elles étaient désormais la référence à toute comparaison lorsqu'il s'agissait d'évoquer quelque chose de vraiment énorme ou d'encombrant.

Évidemment, chacun des membres de la famille de Bachir s'en trouva offusqué. La honte rejaillissait sur eux ! Il fallait donc agir et faire cesser ce scandale ! Le frère, Mokhtar, décida alors de dérober les fameuses babouches. Il profita de la prière du vendredi pour mettre son plan à exécution. Comme tous les musulmans, Bachir laissait ses chaussures devant la porte de la mosquée. Mokhtar, qui s'était muni d'un grand sac, n'eut aucun mal à les repérer... un regard à droite, un regard à gauche, et hop ! les deux babouches disparurent dans le sac.

La femme de Mokhtar avait été surprise de voir son mari revenir avec un gros sac sur l'épaule. Curieuse de nature, elle avait profité de l'absence de son époux pour regarder à l'intérieur. Voyant qu'il s'agissait des immondes babouches, elle avait poussé des cris d'horreur et les avait aussitôt jetées avec dégoût au milieu de la ruelle. Ce qui ne manqua pas de provoquer un attroupement – car il était rare de voir les célèbres babouches sans leur propriétaire !

Bachir, une fois la prière terminée, chercha vainement ses babouches bien-aimées. Quelqu'un les lui avait volées ! Il se précipita pieds nus chez le *Cadi* pour porter plainte.

— Vous vous rendez compte ! on ne m'a jamais volé un haricot dans mon magasin et on me dérobe mes babouches devant le saint lieu ! Vous devez les retrouver !

Le Cadi avait envie de rire, mais il écouta la déposition avec sérieux et envoya plusieurs *chaouchs* effectuer leur enquête. Elle ne dura pas longtemps...

Les chaouchs transportèrent l'objet du délit au siège du tribunal où Bachir fut convoqué sans tarder.

— Comment ! lui dit le Cadi qui n'avait plus envie de rire, tu te moques de la Justice ! Tu affirmes que l'on t'a volé tes babouches alors que tu les as jetées au beau milieu de la rue ! Tu devras payer une amende de mille dinars aux chaouchs pour leur peine !

Bachir blêmit. Il aurait mieux aimé mille coups de bâton ! Mille dinars ! Il aurait pu s'acheter dix paires de babouches avec cette somme ! Mais il paya et put conserver l'objet de toutes ses attentions.

Il les examina longuement. Tiens, le cuir était fendu au bout du talon. Il ajouta donc une pièce de plus puis se coucha, après avoir placé ses babouches au pied de sa natte d'*alfa*.

Dans la nuit, sa femme Zineb se leva sans bruit. C'est elle qui, à son tour, était chargée de faire disparaître les affreuses chaussures. Elle les prit et sortit de la maison sur la pointe des pieds. Dehors, tout était calme. Un petit air frais avait remplacé la chaleur torride de la journée. Il fallait faire vite. Elle se dirigea vers la palmeraie à l'extrémité de la ville, et là-bas, laissa tomber les deux énormes babouches au fond du puits. « Cette fois, personne ne pourra les rapporter ! » Puis elle se faufila jusque chez elle, comme si de rien n'était.

De bon matin, avant que la ville ne s'éveille, les jardiniers se mirent au travail au cœur de la palmeraie. À l'aide du balancier installé au-dessus du puits, on allait pouvoir puiser l'eau si précieuse pour les cultures. Le premier des jardiniers tira donc sur la corde pour faire descendre le panier fait de palmes tressées. Une fois rempli d'eau, ce dernier fut remonté sans trop d'efforts grâce au contrepoids. L'eau s'écoula d'abord dans le bassin puis dans les rigoles le long des petits carrés creusés dans le sable. Enfin, elle fut libérée et se déversa doucement sur les légumes qui attendaient leur arrosage quotidien. Mais... que se passait-il ce matin ? Le jardinier avait à peine renouvelé deux ou trois fois sa manœuvre que les végétaux noircissaient à vue d'œil et se couchaient sur le sable humide.

— C'est l'eau, c'est sûrement l'eau ! s'écria le jardinier qui se précipita vers le puits.

Une fois penché sur le bord de la margelle, quelle ne fut pas sa stupeur de voir deux énormes babouches qui reposaient au fond de l'eau. Leur cuir laissait s'échapper de curieux filets verdâtres qui n'en finissaient pas de se diluer. Avec un crochet, le jardinier s'empressa de retirer les deux chaussures qui s'étalèrent ensuite sur le sable telles deux grosses méduses informes.

Pas besoin de faire une enquête ! Le jardinier avait reconnu les babouches de Bachir. Il se précipita chez le Cadi et demanda aussitôt réparation pour la perte de toutes ses plantations !

Bachir fut de nouveau convoqué au tribunal.

— Tu te moques de la Justice ! lui dit le Cadi en colère, tu as encore voulu te débarrasser de tes babouches et tu les as jetées dans un puits, empoisonnant ainsi l'eau destinée aux cultures ! C'est un crime impardonnable ! Tu devras verser quatre mille dinars au jardinier qui a perdu toutes ses récoltes !

— Quatre mille dinars ? murmura Bachir, j'aurais mieux aimé quatre mille jours de prison... c'est ce que je gagne en une année grâce à mon épicerie !

— Peut-être, répondit le Cadi, mais c'est la somme que le jardinier a perdue à cause de ton entêtement !

Bachir calcula qu'il aurait pu s'acheter quarante paires de babouches avec tout cet argent ! Mais il paya. Arrivé chez lui, il fit sécher ses chaussures puis il ajouta encore quelques pièces de cuir car l'eau avait décollé les semelles. Il se coucha enfin après les avoir rangées au pied de sa natte d'alfa.

La disparition des babouches était devenue

une affaire de famille. Et plus que jamais, car elles les menaient tous à la ruine. C'était donc au tour de Mahmoud de faire disparaître les odieuses chaussures de son père. Dans la nuit, le jeune garçon se leva sans bruit, prit les maudites babouches et sortit. Il se dirigea vers le jardin public où il avait décidé de les enterrer.

Il se mit à creuser un grand trou dans le sable. Le travail avançait vite. Quelques dizaines de minutes suffirent pour atteindre une bonne profondeur. Il déposa les babouches au fond de la tranchée. Mais alors qu'il commençait à peine à reboucher, il entendit un bruit de pas. Quelqu'un vient ! Vite, se cacher derrière un palmier... Le Cadi ne vit pas, dans l'obscurité, la fosse qui lui barrait le passage. Il tomba lourdement sur les babouches et se cassa la jambe.

Le lendemain, allongé sur son lit de souffrance, le Cadi convoqua Bachir et, grimaçant de douleur, lui dit :

— Bachir ! tu as voulu te venger parce que je t'ai condamné à rembourser le jardinier ! Et tu as conçu un piège pour me supprimer !

Mais ton forfait portait ta signature ! Cela va te coûter cher !

Bachir était abasourdi.

— Je t'assure, Grand Chef de la Justice, je n'ai rien fait, je suis innocent !

Le Cadi se mit en colère – ce qui raviva sa douleur.

— Tu as voulu me tuer et en plus tu te moques de moi ? Je te condamne à me payer tous mes frais et à entretenir toute ma famille jusqu'à ma complète guérison ! Tu as encore de la chance : je n'ai que deux femmes et quatorze enfants ! J'ai fait le calcul... Cela te coûtera dix mille dinars, payables d'avance !

Bachir ne pouvait plus parler. Il aurait mieux aimé parcourir dix mille kilomètres dans le désert sans boire ni manger. Mais cette fois, il ne compta pas le nombre de babouches qu'il aurait pu s'acheter avec une telle somme ! Cela représentait juste le prix de sa maison ! Il fut obligé de la vendre et tous les membres de sa famille s'installèrent dans sa boutique !

Cette fois, c'était au jeune cousin Hamid de montrer son savoir-faire. Il devait ABSOLUMENT faire disparaître les abominables babouches ! Après une longue réflexion, il décida de les jeter le plus loin possible, dans le seul endroit où tout se perd, même les hommes. Le désert. L'idée lui parut bonne. Il emprunta donc un chameau et, une nuit, déroba les chaussures et prit la route du sud...

Arrivé au pied de hautes montagnes, il aperçut des dizaines et des dizaines de puits puis, un peu plus loin, un village. Il avisa un berger qui passait par là et lui demanda à quoi servaient ces puits.

— Ils mènent à des souterrains que l'on nomme les *foggaras*. Ces souterrains recueillent l'eau de la vallée. Tous aboutissent dans une galerie près du village. Et de là partent de nombreux fossés qui traversent les jardins et les maisons. Ainsi, nous pouvons arroser les plantations, abreuver les animaux et amener l'eau jusqu'à nos demeures.

— Mais les puits ? À quoi servent-ils ?

— Ils permettent aux hommes de descendre sous terre et d'entretenir les souterrains.

Hamid remercia le berger pour toutes ces explications et attendit son départ. Il savait maintenant comment faire disparaître à jamais les babouches de Bachir. Il s'approcha discrètement de l'un des puits et laissa tomber les deux savates de cuir qui, telles des barques de pêcheur, s'en iraient se perdre au fil de l'eau dans l'obscurité des galeries.

Cette fois plus de problème... De retour à la ville, il raconta son périple à Zineb, Mahmoud et Mokhtar, qui poussèrent tous trois un soupir de soulagement – sans pitié pour le pauvre Bachir qui cherchait encore ses précieuses chaussures dans tous les recoins de sa boutique.

Les deux babouches flottèrent longtemps dans la galerie et, arrivées au terme de leur voyage souterrain, s'arrêtèrent contre la grosse pierre percée qui répartissait l'eau dans le village... Elles bouchèrent bien entendu les orifices de ce système si ingénieux et si indispensable à la vie des hommes, des animaux et des plantes ! Plus d'eau pour arroser les palmiers et les arbres fruitiers, plus d'eau pour abreuver les chameaux et les moutons, plus d'eau pour faire la cuisine et laver le linge ! De mémoire de villageois, cela ne s'était jamais produit ! On fit appel aux « cureurs de galeries ». Après trois jours de recherche dans les ténèbres et l'humidité, ils repérèrent enfin ce qui obstruait les ouvertures ! Ils eurent toutes les peines du monde à sortir ce qu'ils prenaient pour des outres. Mais une fois à la lumière du jour, tout le monde reconnut les babouches les plus célèbres de la région ! La colère fut alors générale et une délégation de Sahariens vint jusqu'à la ville de Bachir porter les deux pièces à conviction devant le tribunal ! On accusa Bachir d'avoir voulu faire périr tout un village de faim et de soif !

— Là, Bachir, lui dit le Cadi, tu as dépassé les limites ! Tu as mis en danger des familles entières... Les récoltes sont compromises, la famine menace. Ce que tu as fait est inhumain ! Tu es donc condamné à donner tout ce que tu possèdes dans ton épicerie pour nourrir la population de ce village !

Entendant la sentence, Bachir se sentit défaillir. Il était ruiné... Il ne possédait plus rien !

— Quelle injustice ! pleurait-il, mes babouches ne m'ont apporté que le malheur et la ruine... maintenant oui, je suis décidé à m'en séparer ! Mais je ne vais pas les jeter dans la rue, ni dans un puits, ni dans un trou, ni dans une foggara ! Je vais les brûler ! Qu'elles partent en fumée !

Aussitôt dit, aussitôt fait ! Il plaça les babouches au milieu de son magasin désormais vide. Lorsque l'allumette mit le feu aux chaussures, ce fut un embrasement général ! Une explosion gigantesque souleva le toit de l'épicerie, des flammes de plusieurs mètres montèrent rapidement vers le ciel en lançant des tourbillons de fumée noire ! Bachir eut juste le temps de s'enfuir et courut le plus loin possible. Les maisons voisines de l'épicerie flambaient à leur tour. En quelques minutes, l'incendie se propagea à la ville entière. Les flammes montaient en crépitant et toute la population dut fuir. Plus de jardin public, de palmeraie, de tribunal. Bachir et tous les habitants assistèrent impuissants à la furie de ce sinistre. Sans le moindre procès, Bachir fut alors banni. Mais lorsqu'il quitta ceux qui le chassaient et cette cité qui n'existait plus, un sourire illuminait tout de même son visage : ses babouches, source de son infortune, avaient enfin disparu !

Saïd le méchant garçon

Où l'on voit un jeune garnement se transformer en horrible monstre puis espérer reprendre forme humaine grâce à la magie.

Le petit Saïd faisait le désespoir de ses parents ! Depuis qu'il était en âge de marcher, il ne pensait qu'à faire le mal à tous ceux qu'il approchait. On ne comptait plus les coups de pied ou les coups de poing qu'il avait distribués à chacun de ses frères, et les vilains tours qu'il avait joués à ses camarades... Il jetait les chaussures dans les puits, déchirait les *burnous,* perçait les poches des sarouels... et, au fur et à mesure qu'il grandissait, ses mauvais coups devenaient de plus en plus malveillants.

Il prenait vraiment plaisir à être malfaisant. Les remontrances, les rappels à l'ordre, les punitions n'y changeaient rien. À tel point que personne ne cherchait plus sa compagnie et que tout le monde le fuyait même.

Alors Saïd le solitaire exerça sa méchanceté sur de nouvelles proies. Il perça les yeux des oiseaux, coupa les pattes des lézards, mutila les gerboises et les *fennecs*...

Les animaux blessés se réfugièrent parfois dans les dunes et la cruauté du jeune garçon fut bientôt connue des esprits malins qui peuplaient le désert, les *djenoun*. Cela ne pouvait plus durer ! Leur roi, magicien parmi les magiciens, décida donc d'intervenir afin de punir cet enfant si cruel. Et un beau matin...

Saïd poussa un cri de stupeur lorsqu'il s'aperçut dans le miroir : par Allah, que lui arrivait-il ? Deux énormes dents recourbées sortaient de sa bouche, des piquants de hérisson étaient comme plantés sur sa tête, sa peau ressemblait à celle d'un crapaud et des griffes pointues avaient poussé à la place de ses ongles !

Terrifié, il se cacha pendant deux jours dans une jarre. Il pleurait, gémissait en regardant ses mains griffues et sa peau rugueuse ! Mais rien ne se produisait, aucun changement ! Il était condamné à vivre sous cet aspect repoussant.

Lorsque ses parents le découvrirent ainsi, transformé en ogre monstrueux, semblable au *ghoule*[1] des légendes, ils furent horrifiés et encore plus désespérés que lui. Impuissants devant le drame qui les frappait, ils se précipitèrent chez le sorcier du village. Ce dernier n'avait jamais été confronté à un tel sortilège. Il consulta donc un de ses plus vieux grimoires. Et c'est à la dernière page du livre des sorts qu'il découvrit la solution !

... Pour que la victime du maléfice retrouve son aspect premier, il faudra confectionner une potion très spéciale avec une branche de retem, *une fleur d'* euphorbe, *un œuf d'autruche et une*

1. Voir page 117.

datte de degoul… *Mais ces quatre ingrédients devront impérativement être réunis par celui-là même qui a été touché par la malédiction du roi des djenoun…*

Le sorcier se retourna alors vers les deux villageois :

— C'est à Saïd de partir en quête et, à son retour, s'il rapporte ces quatre éléments, je pourrai lui préparer son remède.

Les parents reprirent espoir. Sans perdre un seul instant, ils s'empressèrent d'aller dire à leur pauvre enfant ce qu'il devait faire. Saïd sentit un grand soulagement l'envahir à la pensée que, bientôt, il pourrait ressembler à n'importe quel autre garçon de son âge et que tout cela ne serait plus qu'un lointain cauchemar. Il décida de partir sans attendre. Il n'emporta que quelques vivres et s'enfonça dans le désert.

Chemin faisant, il rencontra la gerboise et lui demanda où il pourrait, dans les dunes, trouver une fleur d'euphorbe…

— Comment veux-tu que je te conduise ! tu m'as coupé la queue autrefois et je ne peux plus aller bien loin !

Puis il rencontra un fennec et lui demanda où il pourrait trouver, dans le sable, un œuf d'autruche...

— Comment veux-tu que je t'aide ! Tu m'as coupé les oreilles autrefois et je ne peux plus me déplacer !

Vint ensuite une bergeronnette printanière au ventre jaune et au dos vert ; il lui demanda si elle pouvait cueillir une datte de degoul...

— Comment veux-tu que je vole ! Tu m'as coupé les ailes autrefois, je suis condamnée à sautiller sur place !

Il rencontra enfin un *dhobb,* le lézard des palmiers, avec sa large queue épineuse, et lui demanda s'il pouvait se glisser dans un arbre et lui rapporter une branche de genêt.

— Comment veux-tu que je rampe ! Tu m'as coupé une patte autrefois et je ne peux plus monter aux arbres !

Le pauvre Saïd se sentit alors bien coupable. Il devait donc mener tout seul ses recherches.

Il creusa plusieurs énormes trous dans le sable avant de trouver un œuf d'autruche. Il monta dans des dizaines de palmiers afin de récolter quelques dattes de degoul. Il parcourut des dizaines de kilomètres dans le désert avant de découvrir des fleurs d'euphorbe. Et il mit plusieurs jours pour cueillir délicatement des tiges de retem avec ses griffes...

Enfin, fatigué, exténué, éreinté, il prit le chemin du retour en portant ses précieux trésors. Ses pensées étaient remplies de regrets et de remords. Il avait eu faim, il avait eu chaud le jour, froid la nuit, et il s'était senti bien seul. L'aide des animaux lui aurait été bien utile...

C'est alors qu'il rencontra une gazelle affamée. Elle le supplia de lui donner à manger. Saïd eut pitié d'elle. « Il me restera encore trois autres ingrédients, pensa-t-il, ce sera bien suffisant pour ma potion. » Et il lui tendit ses fleurs d'euphorbe.

Un peu plus loin, il vit un pauvre renard qui se traînait péniblement car il s'était cassé une patte. Saïd eut pitié de lui ; avec sa branche de retem, il confectionna une attelle pour consolider l'os brisé. « Bah, se dit-il, il me restera encore deux ingrédients, ce sera suffisant pour mon breuvage. »

Au détour d'une dune, il tomba nez à nez avec un chameau. L'animal était en piteux état car il n'avait pas eu un seul brin d'herbe à se mettre sous la dent depuis une semaine au moins. Saïd eut pitié de lui et lui offrit toutes ses dattes. « Il me reste l'œuf, ce sera bien assez efficace pour me guérir ! »

En arrivant près de son village, il croisa une famille de pauvres bédouins. Le père et la mère se lamentaient car ils n'avaient plus rien pour nourrir leurs enfants. Sans plus réfléchir, Saïd donna l'œuf d'autruche qui lui restait, de quoi faire cuire une énorme omelette pour toute la famille.

/C'est ainsi que le garçon rentra chez lui les mains vides. Il se rendit chez le sorcier. Il lui raconta que, quelques heures auparavant, tous les ingrédients étaient bien réunis au fond de sa besace, mais qu'ensuite il avait tout donné.

Le sorcier s'adressa à lui sur un ton solennel :

— Sois rassuré, Saïd, je n'ai pas besoin de retem, d'euphorbe, de datte ou bien d'un œuf pour te venir en aide ! Ce qu'il fallait guérir, c'était ton cœur ! Tu as montré que tu étais capable d'avoir pitié, que tu pouvais soulager ceux qui souffrent. Tu as fait preuve de charité à l'égard des blessés, des affamés ou des misérables. Tu es débarrassé du mal ! La méchanceté ne t'habite plus ! Il est inutile de te soigner, tu as trouvé tout seul le bon remède. Ne t'inquiète donc plus, tu reprendras vite ton aspect d'autrefois.

Saïd remercia le sorcier et regagna sa maison. À peine en avait-il franchi le seuil, qu'il vit ses parents l'accueillir avec un large sourire. Sa peau était redevenue lisse, ses dents avaient repris une longueur et une forme « ordinaires », ses cheveux bouclaient à nouveau sur sa tête et ses griffes venaient de tomber pour laisser place à des ongles...

Saïd était fou de joie ! Il reprit sa place à l'école et dans le village. Et jamais on ne vit un garçon aussi serviable et complaisant que lui.

Ali le petit bossu

Où l'on voit un petit homme bossu se venger des offenses qui lui brisaient le cœur, et jouer de drôles de tours à tous ceux qui se moquaient de lui.

Il était une fois, dans le village de Ghadamès, un homme qui exerçait le métier de tailleur et qui se nommait Ali. Sa petite taille et son dos déformé par une énorme bosse lui donnaient une drôle de démarche. Les villageois le surnommaient donc le « petit bossu ». Et cela lui brisait le cœur. Il aurait bien voulu être comme tout le monde et, lorsque le soir tombait, aller retrouver des amis autour d'un thé ou d'un café. Mais il restait toujours seul...

Toute la journée, à sa table de travail, il

taillait des sarouels et cousait des *kachabias.* Il redoutait de rencontrer ses clients car ces derniers ne pouvaient s'empêcher de se moquer de son allure. Il sentait leur fausse pitié ou encore leurs rires narquois à peine dissimulés. Mais il avait appris à ne rien montrer de sa peine ou de sa colère. Il répondait d'un sourire forcé et lançait quelques bons mots, faisant ainsi toujours preuve de bonne humeur.

Ce qui le vexait le plus, c'était l'attitude des autres commerçants du village. Il les croisait chaque jour et, chaque jour, alors qu'il passait devant leurs boutiques, les marchands ne manquaient pas de le saluer par des paroles blessantes.

L'épicier lui proposait de monter sur des boîtes de conserve pour « gagner de la hauteur »... Le boulanger lui recommandait de manger du pain pour être « plus droit que ses baguettes »... Le boucher lui offrait les cornes de ses vaches pour « qu'il puisse se défendre au cas où, et mieux qu'avec ses tout petits poings »... Le cafetier lui conseillait de boire plus de café car « il faut bien ça pour abattre le double de travail quand on est une demi-portion »...

Un soir, en rentrant chez lui, il subit pour la millième fois les mêmes offenses. Il résolut alors de se venger.

Dès le lendemain, contrairement à son habitude, il entra chez le cafetier et, en riant, assura qu'il lui fallait au moins trois litres de café pour être en grande forme ! Alors qu'il était le seul client, il en but une tasse, puis deux, puis trois. À la quatrième, il porta soudain sa main à sa gorge, poussa deux petits cris étranglés et tomba à la renverse en roulant des yeux exorbités... et ne bougea plus.

Le cafetier affolé se pencha sur le petit bossu – qui retenait sa respiration. Il le crut mort. Mort à cause de SON café ! Quelle honte, quelle humiliation ! Plus personne n'allait venir chez lui de peur de mourir comme Ali ! Un plan germa alors dans son esprit. L'épicier d'en face venait de quitter son échoppe. Le cafetier jeta un coup d'œil dans la rue... à droite, à gauche... personne ! Il prit le bossu dans ses bras, le porta dans l'épicerie et le glissa sous le comptoir. Puis, il lui mit une feuille de menthe au coin des lèvres et retourna prestement dans sa boutique.

L'épicier, qui s'était absenté une minute, revint dans son magasin et aperçut le corps du petit bossu qui gisait sous son comptoir. Il se pencha sur le tailleur – qui retenait toujours sa respiration – et vit une feuille de menthe sortant de sa bouche. Il le crut mort ! Mort à cause de SA menthe ! Quelle confusion ! Quel déshonneur ! Plus personne n'irait chez lui de peur de mourir comme Ali ! Il fallait faire quelque chose... Personne dehors, ni à droite, ni à gauche. L'épicier prit le cadavre dans ses bras, le porta chez le boulanger en s'assurant qu'il n'y avait âme qui vive, et l'abandonna là. Mais, avant de s'enfuir, il n'oublia pas de mettre un morceau de pain dans la bouche d'Ali.

Le boulanger, qui s'était absenté une minute, revint dans sa boutique et aperçut le corps du petit bossu étendu au beau milieu du magasin ! Il se pencha sur lui et vit qu'il avait un morceau de pain dans la bouche ! Il le crut mort… À cause de SON pain ! Quelle infamie ! Plus personne ne viendrait acheter son pain chez lui, de peur d'être empoisonné ! Alors il le prit sur son épaule, comme un vulgaire sac de farine, et partit le déposer chez le boucher à quelques mètres de là… en ayant soin de lui placer un morceau de viande dans la bouche…

Le boucher, qui s'était absenté quelques minutes, revint dans son magasin et aperçut le pauvre petit tailleur, les bras en croix, avec un gros morceau de viande dans la bouche… Il crut qu'il s'était étouffé en mangeant SA viande ! Il fallait faire disparaître le corps au plus vite… Mais où le mettre ? Pourquoi ne pas l'enterrer dans les dunes ? Il le mit dans un sac qui traînait par là et, sans prendre le temps d'ôter son tablier plein de sang, sortit en rasant les murs…

À l'intérieur du sac en toile épaisse, le tailleur riait en silence. Jamais il n'avait autant ri. Il revoyait encore le visage épouvanté de ceux qui le croyaient mort… Il avait bien du mal à garder son sérieux…

Au même moment, le Cadi faisait sa promenade quotidienne dans les rues de Ghadamès. Quand, soudain, il manqua d'être renversé par le boucher affolé qui bredouilla quelques mots d'excuse. Le Cadi fronça les sourcils...

— Mais pourquoi êtes-vous si pâle ? Et où allez-vous si vite ? Que portez-vous dans ce sac ? Allez ! Ouvrez !

Le boucher fut forcé de s'exécuter.

Le sang de la viande avait coulé sur le visage du petit tailleur qui gisait au fond du sac... du sang tachait également le tablier du boucher ! Pas de doute ! Le Cadi venait d'appréhender un meurtrier !

— Je ne m'attendais pas à découvrir un assassin, dit-il en empoignant le bras du coupable, tu sais ce qui t'attend ?

Le boucher sentait des gouttes de sueur couler sur son front. Mais il eut beau se défendre en disant qu'il avait trouvé le cadavre du bossu dans sa boutique, le Cadi ne pouvait le croire. Tout l'accusait ! Le sang, le sac. Il fut donc condamné à mort sur-le-champ.

On prépara l'exécution pour le lendemain matin. Le bourreau se présenta dès l'aube avec son cimeterre et son billot de bois. La nouvelle avait fait le tour de la ville et des centaines de curieux se pressaient autour de la place du marché...

On amena le boucher, ficelé comme un sac de jute sur le dos d'un âne, et on lui plaça la tête sur le billot. Le bourreau aiguisa encore la lame de son cimeterre...

Ali, dont on avait laissé la « dépouille » chez lui, après une veillée funèbre, s'avançait au milieu de la place. La plaisanterie était allée trop loin et il devait dévoiler son secret, avouer quel piège il avait manigancé pour se venger des médisants.

C'est alors qu'un homme se précipita aux pieds du Cadi, en criant :

— Grâce ! grâce ! je ne peux pas permettre que l'on tue un innocent ! C'est moi le boulanger qui ai tué le petit tailleur et moi qui ai transporté son cadavre dans la boucherie !

— C'est bien, dit le Cadi, j'aime les

hommes honnêtes. Que l'on détache le boucher et que l'on coupe la tête du boulanger !

On procéda... au changement de condamné. On plaça la tête du boulanger sur le billot et le bourreau s'avança. Un autre homme surgit alors de la foule et se jeta à son tour aux pieds du Cadi :

— Pitié ! pitié ! Je ne peux pas permettre que l'on tue un innocent ! C'est moi l'épicier qui ai tué le petit tailleur et qui ai transporté son cadavre dans la boulangerie !

Le Cadi commençait à s'impatienter : un repentir passe encore mais deux, pour le même crime ! Il déclara néanmoins :

— L'honnêteté est une vertu qui vous honore. Que l'on détache le boulanger et que l'on coupe la tête de l'épicier ! Allons, vite ! Nous perdons du temps avec tous ces honnêtes gens !

On plaça la tête de l'épicier sur le billot et le bourreau se dépêcha de lever son cimeterre. Mais un autre homme vint à son tour et s'accusa d'être le criminel ! C'était le cafetier.

Il avoua que son affreuse mixture avait tué le pauvre petit tailleur.

Le Cadi entra dans une rage folle !

— Cela suffit ! Si chacun s'accuse l'un après l'autre... comment vais-je exécuter la sentence ? ! C'est inadmissible ! Alors, que tous ceux qui ont tué le petit tailleur s'avancent !

Mais cette fois-ci, c'est Ali lui-même qui s'avança, et qui, d'une voix forte, raconta à tout le village le tour qu'il avait joué à ceux qui s'étaient moqués de lui.

Le Cadi ne put s'empêcher de rire. La malice du petit tailleur avait fait mouche. Et chacun reconnut qu'il avait bien défendu son honneur. La justice n'avait pas été rendue mais une leçon avait été donnée.

Désormais, en passant le soir dans la grande rue, Ali s'arrête longuement chez ses nouveaux amis, le cafetier, l'épicier, le boulanger et le boucher. Et tous quatre ne se privent pas de menacer ceux qui se risquent encore à rire du petit tailleur bossu.

El-Mansour
le faiseur d'or

Où l'on voit un vieil homme raconter la fabuleuse histoire de la cité aux toits d'or et parler de la folie de ses habitants qui voulurent à tout prix s'emparer des secrets de fabrication du si précieux métal.

Dans le grand erg oriental, au nord du plateau de Tinghert, s'étend l'immense erg El-Ouar. Durant des siècles et des siècles, il ne fut jamais traversé par quiconque.

Une légende affirme pourtant qu'au cœur de cette vaste mer de sable et de dunes, s'élevait autrefois une ville magnifique... une ville dont les habitants étaient si riches qu'ils avaient recouvert leurs maisons de tuiles d'or ! L'orgueil, l'arrogance, la cupidité et la paresse avaient fini par envahir l'âme et l'esprit de chacun et conduit la ville à sa perte.

Mais laissons le vieux nomade Sidi-el-Hadj raconter la fabuleuse histoire de « la cité aux toits d'or »...

— Il y a bien longtemps, ce désert était un immense jardin. Des pluies bienfaisantes et régulières arrosaient la région. De grands fleuves charriant du limon traversaient les vallées et allaient se perdre au nord, dans les *chotts,* du côté de Biskra et de Tozeur...

Cette terre fertilisée par les eaux abondantes donnait de nombreuses et belles récoltes aux *fellahs* qui vivaient là. Tous profitaient des richesses que Dieu leur prodiguait. Grâce à cela, rien ne manquait : tous avaient de quoi se nourrir, se vêtir et bâtir une maison. Mais – est-ce la nature de l'homme ou le destin tracé par Allah ? – cet équilibre allait bientôt se briser.

Tout commença avec El-Mansour, le plâtrier. Alors que chacun possédait le nécessaire, que personne ne jalousait personne, que l'hospitalité régnait dans chaque demeure, El-Mansour vivait lui en solitaire et la porte de sa maison restait fermée à tous. Oh ! il n'était pas méchant – il ne manquait pas de dire bonjour à qui le croisait – mais il se comportait parfois de façon étrange. Si quelqu'un l'accompagnait jusqu'au seuil de sa maison, il le saluait poliment, l'abandonnait sur le pas de la porte sans le laisser entrer. Il s'empressait même de tourner la clef dans la serrure.

Cette curieuse attitude intriguait son voisinage. El-Mansour aurait-il quelque chose à cacher ?

Chaque jour, le plâtrier revenait avec son âne chargé de branches et de racines. Mais rien d'anormal dans tout cela, puisque l'artisan avait besoin de bois pour alimenter le four qui trônait dans sa cour. Il transformait ainsi les pierres à plâtre en fine poudre qu'il vendait chaque vendredi au marché.

Mais, une fois, on l'aperçut avec un tout autre chargement. Sur le dos de l'animal, les paniers contenaient pêle-mêle des herbes sèches, des peaux de lézard, des pattes d'autruche, de *gecko* séché et des cornes de gazelle !

Il y avait bien un mystère là-dessous ! D'autant plus que l'épicier confiait – à qui voulait l'entendre – qu'El-Mansour avait acheté, deux jours auparavant, de la pyrite, du sulfure d'antimoine et de la cobaltine ! Dans l'entourage du plâtrier, on s'interrogeait de plus en plus sur ses véritables activités. Et parmi ceux qui désiraient élucider cette énigme, Ahmed et Rachid, ses deux plus proches voisins, étaient certainement les plus curieux. Voilà pourquoi, un soir, ils décidèrent d'aller voir d'un peu plus près ce qui se tramait dans la cour d'El-Mansour.

La nuit était déjà tombée lorsqu'ils s'approchèrent de la maison du plâtrier. Le vent du soir apportait à leurs oreilles des bruits bizarres... comme celui d'un marteau qui frapperait le fer. Affûterait-il sa faucille ou réparerait-il le collier de son âne en pleine nuit ?

Ahmed et Rachid atteignirent le mur qui surplombait l'atelier pour s'en assurer. Le premier s'adressa au second :

— Monte sur mes épaules, et vois ce qui se passe !

Quelques minutes après, lorsque Rachid descendit de son perchoir improvisé, il ne put prononcer que quelques mots :

— Tu ne vas pas me croire, vois par toi-même !

Ahmed grimpa à son tour sur les épaules de son acolyte. Et il ne quitta pas El-Mansour des yeux. Celui-ci sortait un grand récipient de terre cuite de son four qui crachait un feu d'enfer. À l'aide d'un crochet, il fit basculer le récipient et un liquide brillant s'en échappa pour s'écouler lentement dans un moule. Puis El-Mansour laissa tomber dans le liquide en fusion une petite pierre qui étincelait comme une étoile. Un bouillonnement puis plus rien. Le plâtrier saisit alors son marteau et cassa le moule et... stupéfaction ! il en dégagea un magnifique lingot d'or qui luisait à la lumière des flammes de son four !

Ahmed, tout comme Rachid, avait entendu parler des alchimistes, des *hakim,* mais il doutait un peu de leur existence... et voilà qu'il découvrait un faiseur d'or, là, à deux pas de chez lui !

Qu'allaient-ils décider ? Oublier ce qu'ils avaient vu ? Impossible ! Répandre la nouvelle dans toute la ville ? Pourquoi pas ! Mais une troisième possibilité s'offrait à eux et ils se mirent d'accord : ils comptaient bien profiter d'une incroyable découverte, connue d'eux seuls !

Dès le lendemain, ils frappèrent à la porte de leur voisin...

— Que le salut soit sur toi ! Et que Dieu te protège ! dirent-ils d'une même voix à El-Mansour qui se garda bien de les introduire chez lui.

— Que Dieu vous protège également ! Que puis-je faire pour vous ?

— Pardonne notre curiosité, mais nous avons vu ton âne l'autre jour et tu transportais de drôles de choses dans ses paniers... Et l'épicier dit qu'il t'a vendu de la pyrite, de l'antimoine et de la cobaltine... N'est-ce pas étrange pour un plâtrier ?

— Ce que je fais ne vous regarde pas ! répondit El-Mansour immédiatement sur la défensive. Mais ses deux voisins se montraient déterminés à en savoir plus. Comment s'en débarrasser ? « Le mieux est sûrement d'endormir leur méfiance en inventant un mensonge », pensa-t-il. Et s'adressant à eux sur le ton de la confidence :

— Bien, promettez-moi de garder le secret... ces ingrédients vont me permettre de fabriquer un médicament... qui pourra guérir toutes les maladies !

— Un plâtrier qui devient médecin ?! Tu mens bien mal ! lui dit alors Ahmed d'un air narquois. Ce médicament ne serait-il pas un peu trop lourd pour l'estomac ? Et... d'après sa couleur jaune, il me semble qu'il peut soigner bien d'autres choses que les rhumes ou les coups de chaleur !

El-Mansour était démasqué. Le jour même où il était parvenu à mettre au point la formule et fabriquer son premier or. Il avait cherché depuis tant d'années. Et à peine avait-il réussi que son invention était déjà connue de ces deux voisins de malheur !

— Allons, El-Mansour, continua Rachid, tu nous donnes un peu de ton or et nous partons aussitôt !

— Non ! répliqua vivement El-Mansour, car vous irez sans aucun doute colporter la nouvelle dans toute la ville !

— Alors, renchérit Ahmed, confie-nous le secret de la fabrication de l'or et nous te jurons que personne n'en saura rien.

Mais El-Mansour ne céda pas. Il savait que l'or rend les hommes fous, car ils n'en ont jamais assez. Il menaça ses interlocuteurs d'un destin terrible :

— Vous seriez harcelés par vos amis qui vous demanderaient eux aussi votre secret... et le malheur s'abattrait sur la ville ! J'ai réussi à fabriquer un lingot, oui, mais je jure que je n'en fabriquerai pas un de plus ! Que je sois changé en chameau si je reviens sur ma parole !

Devant tant de détermination, il n'y avait pas grand-chose à tenter. Mais Ahmed et

Rachid n'avaient pas dit leur dernier mot. Puisqu'ils ne pouvaient obtenir l'or pour eux seuls, ils dénonceraient El-Mansour au *Calife* !

Ils se précipitèrent au palais du puissant seigneur qui les reçut en audience. Gouverneur d'une ville sans histoire, le Calife fut très troublé d'apprendre que sa cité abritait un alchimiste capable de créer de l'or.

— Un faiseur d'or, dites-vous ? El-Mansour le plâtrier ? Eh bien, voyons si cette histoire est vraie !

Et il envoya des gardes arrêter le brave El-Mansour. Le plâtrier comparut immédiatement devant le Calife. En reconnaissant Ahmed et Rachid aux côtés du gouverneur, El-Mansour comprit ce qui l'attendait.

— Ainsi, dit le Calife en croisant ses bras sur son ventre, tu connais le secret de fabrication de l'or, paraît-il ?

— ... Oui... je connais la formule...

El-Mansour ne pouvait pas nier ! Un garde avait fouillé sa maison et tenait entre les mains, à hauteur de sa boucle de ceinturon, le lingot d'or, l'unique lingot, qu'il avait caché sous un sac de plâtre !

— D'où tiens-tu ce secret ? demanda le Calife sur un ton sans appel, tandis que les gardes forçaient l'accusé à répondre.

— De... de mon grand-père Mustapha, lâcha l'apprenti alchimiste. Que la bénédiction de Dieu soit sur lui !

— Mais encore..., reprit le gouverneur qui voulait en savoir plus.

— ... À sa mort, j'ai hérité d'un manuscrit qui provenait d'Égypte. D'après ma mère, il l'avait acheté deux dinars sur la route de son pèlerinage à la Mecque. Mais le pauvre homme ne savait pas lire. S'il avait su ce que contenait ce livre, il ne serait pas mort dans la misère...

— Et que contient-il ce livre ?

— Grand Seigneur, l'alchimie était connue en Égypte bien avant la naissance de notre Prophète. Eh bien l'auteur de ce livre, Abou Moussa Djaber – que mille remerciements lui soient adressés – y révèle justement... les grands secrets des alchimistes égyptiens !

Les yeux du Calife brillèrent alors d'un tout autre éclat :

— Voici ma sentence : j'ordonne que cet ouvrage me soit confié et que tu me livres toutes les explications utiles à la fabrication de l'or !

Mais El-Mansour ne l'entendait pas ainsi.

— Demande-moi ce que Tu veux, dit-il en s'inclinant respectueusement devant le gouverneur, mais ce secret, je ne peux et ne veux le donner !

Le Calife s'empourpra de colère.

— Mécréant, tu dois m'obéir ! Sinon tu passeras ta vie en prison ! Choisis !

El-Mansour avait déjà choisi.

— La prison est un sort plus doux que les malheurs qui suivraient la révélation d'un tel secret... Ô Puissant Seigneur, l'or fera de Toi un tyran et les guerres qui découleront de tout cela n'apporteront que ruine et désolation à tous les peuples...

Le Calife n'était pas homme à se laisser dicter sa conduite ! El-Mansour fut jeté dans le plus sombre des cachots. Il ne recevait chaque jour qu'un morceau de pain et un peu d'eau que lui servait son gardien, un homme rustre et brutal. Son geôlier aussi tenta de lui soutirer son secret.

— Confie-moi la formule et je te laisserai partir... tu recouvreras la liberté, cela en vaut la peine !

— Non, répondit El-Mansour une fois de plus, toi aussi l'appât du gain te montera à la tête et le goût du pouvoir te fera mépriser tes semblables...

Le plâtrier reçut ainsi de nombreuses visites. Des puissants, des gens fortunés, de moins riches, des pauvres, de très pauvres vinrent l'implorer. Chacun attendait soit un peu d'or, soit la fameuse formule tant convoitée. Mais El-Mansour s'opposait à tous.

— Une fois dévoilé, ce secret conduirait la cité vers la désolation et la destruction. Regardez, l'or a déjà fait mon malheur ! Je m'étais pourtant juré de n'en fondre qu'un seul lingot ! Et cela me vaut la prison... Non, je préfère mourir que de révéler mon secret !

— Il préfère mourir, avait répété le Calife,

qui non seulement avait eu vent de cette supplique mais était surtout très mécontent de voir un humble plâtrier lui résister. Eh bien je vais accéder à son souhait ! Que l'on mure sa prison et qu'il y meure de faim !

Le jour même, El-Mansour vit son ami Mahmoud, le maçon, s'affairer devant la porte de sa cellule. Ironie du destin, l'artisan utilisait avec application le plâtre vendu quelques semaines auparavant !

— Mahmoud, mon ami, avant de mourir, je voudrais rédiger mon testament, peux-tu me donner de quoi écrire ?

Le maçon ne comprenait rien à l'obstination de cet homme et comprenait encore moins pourquoi il allait en mourir. Mais en souvenir des jours meilleurs, il ne s'opposa pas à cette dernière volonté et fit parvenir au condamné un crayon et quelques feuilles.

Et pendant que la porte et la fenêtre se « fermaient » petit à petit, El-Mansour écrivit des dizaines et des dizaines de fois, sur des feuilles qu'il avait découpées en petits morceaux, la formule jusque-là secrète de la fabrication de l'or. Avant que le maçon eût scellé la dernière pierre, El-Mansour passa son bras à travers les barreaux et laissa s'envoler tous ses petits morceaux de papier.

Le vent du sud les amena un à un au cœur de la cité. On en ramassa un, puis deux, puis chaque habitant eut en main la précieuse formule. S'en suivit une frénésie indescriptible. Pas une maison qui ne possédait désormais un four ! Et chacun s'activait à produire son or. Peaux de lézard, pattes d'autruche, de gecko séché, cornes de gazelle, astérite, cobaltine... toutes sortes d'ingrédients circulaient à travers la ville.

En quelques jours, tous les habitants de la cité étaient devenus riches. On ne vit plus de mendiants, ni de pauvres quémander au coin des rues. On oublia El-Mansour au fond de sa prison. Tout le monde semblait heureux.

Une fois l'opulence installée, on se demanda comment dépenser sa fortune. Les bijoutiers furent dévalisés les premiers, puis ce fut le tour des couturiers. Dans les ruelles, on se pavanait dans de magnifiques cafetans brodés d'or ;

bracelets et colliers de grande valeur ornaient le moindre vêtement ; on rivalisait de tenues excentriques et clinquantes. Les animaux eux-mêmes portèrent des parures : les ânes arboraient des licols en or, les chameaux n'étaient plus attachés qu'à des chaînes faites du plus précieux métal. On finit même par recouvrir les toits des maisons de tuiles d'or !

Cette extravagance dura plusieurs mois, dans une ambiance de liesse générale. Plus personne ne travaillait ! Les chameliers ne partaient plus dans le désert... les savetiers ne réparaient plus les babouches... Les boulangers ne voulaient plus passer leurs nuits devant leur four à pain, juste pour gagner quelques malheureux dinars... Les paysans ne voulaient plus puiser l'eau ni se fatiguer pour assurer les récoltes... Il n'y avait plus de marchands, plus d'épiciers.

La nourriture vint à manquer. Isolée au milieu des dunes, la cité ne commerçait plus avec aucune autre... Il n'y eut bientôt plus rien dans la ville aux toits d'or.

L'eau ne coulait plus dans les jardins qui se

desséchaient. Le sable envahissait peu à peu les ruelles...

Les citadins, malgré la faim qui les tenaillait, ne voulaient à aucun prix abandonner les lingots qu'ils avaient amassés. Les animaux disparurent les premiers. Les hommes leur survécurent quelque temps mais ils ne tardèrent pas à les rejoindre dans la mort. Puis le temps et le sable firent lentement leur ouvrage et effacèrent de la carte la cité maudite, autrefois si heureuse et si prospère.

Ainsi le vieux conteur Sidi-el-Hadj terminait son récit. Puis il ajoutait en brandissant un vieux livre à la reliure défraîchie : « Qui, d'entre vous, aimerait connaître le secret de la fabrication de l'or ? » Mais les nomades qui avaient écouté son histoire ne répondaient pas. Tous partageaient alors le thé, sûrs que leur vie de voyageurs du désert et le peu de biens qu'ils possédaient valaient tout l'or du monde, même celui du plus doué des alchimistes.

Le Cadi, le voleur et le palmier

Où l'on voit un voleur essayer de prouver son honnêteté tout en accusant un autre, et un juge, plus rusé encore, démasquer le vrai coupable.

Comme tous les vendredis, sur la place du marché, près de la mosquée, Larbi et Tahar avaient installé devant eux burnous, kachabias, robes de toutes tailles et de toutes les couleurs pour les vendre. Mais la fin de la journée arrivait. Les clients avaient été rares et la recette bien maigre !

Larbi fulminait contre les avares qui marchandaient des heures pour baisser le prix d'un sarouel ou d'une djellaba de quelques *douros* ! Pour Tahar, plus philosophe, il ne fallait pas s'en faire. « *Inch Allah,* se disait-il, cela ira mieux la semaine prochaine. »

Alors que le soleil venait de se cacher derrière la mosquée, les deux amis malchanceux décidèrent de remballer leur marchandise. Portant plusieurs sacs à bout de bras, ils se rendirent chez l'épicier. Larbi et Tahar n'habitaient pas en ville mais à Z'Goum, un petit village perdu dans les dunes. L'épicier qui était un lointain parent de Larbi avait accepté de les aider ; il gardait ainsi en dépôt les invendus jusqu'au vendredi suivant.

Enfin sur la piste poussiéreuse qui les ramenait chez eux, Larbi compta les quelques pièces gagnées dans la journée.

— C'est bien peu, ce ne sera pas assez pour tenir jusqu'à la semaine prochaine !

Tahar tenta de le rassurer :

— Ne t'en fais pas, notre petit jardin nous donnera de quoi ne pas mourir de faim !

Mais cela ne suffit pas à calmer Larbi et sa colère éclata :

— Ce métier ne nous mène à rien ! Nous sommes pauvres et nous resterons pauvres !

— Allons, reprit Tahar en souriant, il ne faut pas être si pessimiste...

À peine finissait-il de prononcer ces mots qu'il manqua de trébucher sur un petit sac qui traînait par terre. Tahar se baissa, ramassa le sac et le soupesa.

— Eh bien, qu'attends-tu pour l'ouvrir ? lui dit son compère.

Tahar dénoua alors le cordon sous l'œil impatient de Larbi. La bourse, puisqu'il s'agissait d'une bourse, contenait une petite fortune... pas en piécettes de cuivre, non, mais en véritables pièces d'or !

Tahar n'hésita pas un instant :

— Beaucoup de bédouins ont pris cette route pour se rendre au grand marché d'El-Oued, il faut retourner en ville, le propriétaire est sûrement parmi eux !

— Mais tu es fou ! s'empressa de rétorquer Larbi. Qui nous a vus ramasser cet argent ? Personne ! À qui appartient-il ? On ne sait pas ! Alors gardons-le !

— Non ! je ne suis pas d'accord ! nous ne sommes pas des voleurs !

— Mais nous n'avons rien volé ! ce trésor est venu à nous... c'est bien différent.

Ils allaient se disputer vraiment lorsque le sage Tahar eut une idée :

— Bien ! Il nous faut prendre le temps de réfléchir. Creusons un trou au pied de ce palmier, enterrons l'argent et laissons-le là jusqu'à ce que nous soyons d'accord sur ce qu'il convient de faire !

— Bonne idée ! Il faut réfléchir !

Ils eurent vite fait de creuser un trou très profond et d'y déposer l'objet de leur querelle. Puis ils regagnèrent en toute hâte leur village avant la fin du jour.

Cette nuit-là, Larbi ne dormit pas. Avoir à portée de la main une véritable fortune et ne pas en profiter, c'était pour lui le comble de la bêtise ! Au bout de quelques heures d'insomnie, tout devint clair : il se leva et s'aventura, dans la plus totale obscurité, sur le chemin qu'il avait emprunté la veille. Il retrouva le palmier et déterra à mains nues le précieux trésor. Il prit soin de reboucher le trou qu'il venait de creuser, avant de rentrer rapidement chez lui.

Le lendemain, Tahar vint toquer à la porte de son ami dès la première heure.

— Alors, la nuit t'a-t-elle porté conseil ?

— Parfaitement ! répondit Larbi sans sourciller, il faut rendre la bourse à son propriétaire ! Tu avais raison ! Ce serait du vol de conserver ce qui ne nous appartient pas !

Tahar n'en revenait pas d'entendre son ami parler ainsi...

— Cela me fait plaisir ! Je savais bien que tu réfléchirais et que tu accepterais ma proposition. Allons chercher les pièces d'or et tâchons de retrouver celui qui les a perdues !

Quelques instants plus tard, arrivés au pied du fameux palmier, Tahar et Larbi commencèrent à creuser. Un trou... puis deux... puis trois... rien ! Mais où diable était donc la bourse ?

— Dis-moi, Larbi, tu ne serais pas venu ici cette nuit ?

— J'allais te poser la même question, répondit aussitôt Larbi, nous n'étions que deux à connaître ce secret ! Et comme ce n'est pas moi le voleur...

Tahar ne pouvait laisser médire ainsi sur son compte.

— Il n'y a qu'une solution ! Allons chez le Cadi !

— C'est cela, renchérit Larbi qui jouait aussi les offensés, allons chez le Cadi...

Une heure plus tard, tous deux étaient en face de l'homme le plus important du village. Tout en somnolant, affalé dans ses coussins, le vieux Cadi écoutait les deux compères raconter leur mésaventure et s'accuser mutuellement de vol !

— Bien, dit-il enfin, si j'ai bien compris, vous avez enterré une bourse pleine de pièces d'or au pied d'un palmier ?... Par voie de conséquence, le seul témoin de cette affaire, à part vous, c'est donc bien le palmier ?

— Heu ! bien oui, acquiescèrent Tahar et

Larbi, un peu interloqués par cette curieuse déduction.

— Parfait ! reprit le Cadi en se levant, nous irons interroger ce palmier demain matin ! Vous pouvez vous retirer à présent.

Les deux marchands se demandèrent si le Cadi n'avait pas perdu la raison. Mais à Z'Goum, on ne discute pas les décisions du représentant de la justice, quelles qu'elles soient !

Une fois rentré chez lui, Larbi était tout de même inquiet. Quelle ruse avait manigancée le Cadi ? Se doutait-il de quelque chose ? Il lui fallait inventer une parade... « Voilà, je sais ce que je vais faire, pensa-t-il après quelques moments de réflexion, allons chercher Moussa. » Moussa, l'un des nombreux frères de Larbi, était toujours prêt à rendre service, et moyennant quelques douros, il ne poserait pas de questions.

À peine avait-il imaginé son stratagème que Moussa, justement, franchit le seuil de la maison.

— *Salem alekhoum,* je suis bien content de te voir, lui dit Larbi, il faut que tu m'aides. Demain, tu iras te glisser dans un trou près d'un palmier que je t'indiquerai. Et lorsque le juge interrogera le palmier, tu devras répondre : « C'est Tahar le voleur. » Tu as compris ?

Moussa n'avait pas vraiment saisi tout le sens des paroles de son frère. Larbi le bouscula un peu.

— Bon, ne cherche pas, tu dois simplement dire à voix haute : « C'est Tahar le voleur. » Je saurai te récompenser pour cela.

Cette petite précision suffit à endormir les doutes et les scrupules de Moussa. Quelques heures plus tard, à la nuit tombée, ils se rendirent donc au pied de « l'arbre témoin ». Ils creusèrent un trou de la taille d'un homme et Moussa s'y glissa. Larbi n'eut plus qu'à recouvrir son frère de plusieurs palmes entrelacées puis de sable sec pour le dissimuler aux yeux de tous.

Le lendemain matin, à l'heure convenue, le Cadi, Tahar, Larbi, mais aussi tout le village, averti de cet interrogatoire peu commun, étaient rassemblés autour du palmier.

— Palmier ! lança alors le Cadi en caressant le tronc de l'arbre, et le plus sérieusement du monde, toi qui as vu le voleur, dis-moi, comment s'appelle-t-il ?

Et l'on entendit une voix pleine d'assurance, venue des racines du palmier, qui affirmait :

— C'est Tahar le voleur !

Un silence pesant remplaça tout d'un coup le brouhaha qui régnait jusque-là. Le pauvre Tahar était profondément troublé tandis que Larbi souriait d'un air entendu.

— C'est parfait ! dit le juge, je savais bien que notre arbre parlerait. Purifions maintenant cet endroit ensorcelé ! Qu'on apporte les palmes !

Les villageois s'empressèrent et entassèrent des branchages secs autour du palmier. Le Cadi craqua une allumette et y mit le feu... sous l'œil affolé de Larbi. Une épaisse fumée commença à s'échapper du tas de branches.

Soudain, on vit les feuilles voler dans tous les sens et un homme sortit d'on ne sait où, toussant, mouchant, éternuant, crachant et cherchant un peu d'air frais ! Tous reconnurent Moussa, le frère de Larbi.

Le Cadi cessa de sourire et, tout en désignant Larbi d'un doigt vengeur, s'adressa à la foule rassemblée autour de lui :

— Les criminels essaient toujours de prouver qu'ils sont honnêtes en accusant les autres ! Vous avez dû me croire fou, mais rassurez-vous, je sais bien que les arbres ne parlent pas. Cette ruse m'as permis de démasquer le coupable, n'est-ce pas, Larbi ? Tu étais voleur et tu t'es fait menteur pour cacher ton crime ! Sache qu'à ce jeu-là, on se fait toujours prendre !

Le Cadi avait ainsi résolu l'énigme. Quant à Tahar, il fut bien sûr mis hors de cause. Puis on ne tarda pas à retrouver le propriétaire des pièces d'or qui sut récompenser généreusement l'honnête homme.

Brahim et la fille du cheikh

Où l'on voit un jeune homme utiliser la ruse pour conquérir la fille d'un seigneur du désert et être à son tour victime d'un plus grand stratagème.

Le grand erg oriental est le pays de la soif, des grands espaces de sable et le domaine du soleil. Seul élément mobile dans ce monde pétrifié, le vent règne en souverain et donne voix au désert. Mais l'erg n'est pas inhabité. Des nomades y vivent depuis des siècles, se pliant au rythme des saisons, à la recherche de pâturages indispensables à la survie de leurs troupeaux.

L'histoire qui suit s'est déroulée voilà deux cents ans, à l'époque où le désert retenait les hommes mieux que ne pouvait le faire la prison la plus sûre !

Le campement de la tribu des Fouaziz était installé près d'un puits, dans un grand couloir de verdure de quelques kilomètres entre les dunes. Les tentes étaient regroupées autour de la plus grande, la *keïma* qui abritait le chef. De hautes haies d'alfa les protégeaient du vent. Aux alentours, les dunes, semblables à d'immenses vagues, s'élevaient les unes derrière les autres jusqu'aux limites de l'horizon et formaient un enchevêtrement inextricable, une mer qui se perdait dans un lointain imprécis et vaporeux.

Brahim sortit de la keïma. C'était un homme jeune, de haute stature. Il regarda l'horizon. Son père venait de mourir. Désormais, la destinée des siens était entre ses mains.

On disait de Brahim qu'il était endurant et courageux, mais qu'il possédait aussi d'autres vertus, malgré son jeune âge.

Ainsi, sa sagesse, son bon sens, sa droiture et la valeur de ses jugements étaient connus des autres tribus. Il savait apaiser les disputes, aider ceux qui étaient dans le besoin. Mais surtout, il respectait en tous points les traditions. Il était d'ailleurs Cheikh-El-Orf, chef de la tradition. Ce qui lui valait l'estime des anciens et renforçait d'ores et déjà son autorité sur tous.

Ce jour-là, Brahim avait réuni quelques hommes. La veille, les chameaux avaient été laissés en liberté pour qu'ils profitent des quelques pâturages de l'oasis. La plupart des bêtes étaient revenues près du campement mais certaines s'étaient aventurées au-delà des premiers îlots de verdure. Maintenant, il était temps de les rassembler et de les conduire au puits pour qu'elles s'abreuvent. Brahim aimait parcourir les dunes et les *sahanes* dont il connaissait parfaitement les pièges et les dangers. Il décida donc de partir lui-même à la recherche des téméraires égarés.

Brahim était un surprenant « liseur » de traces : le vent, les animaux, la végétation n'avaient pas de secret pour lui. Le signe quasi invisible du chemin parcouru par un insecte, la forme d'une empreinte, la présence d'une branche brisée, tout était source d'indices. Il repéra aisément plusieurs de ses chameaux qui erraient lentement en quête de nourriture. Il marchait vers eux quand, à sa grande surprise, il aperçut des tentes dont les sommets dépassaient à peine la cime des dunes...

Quelle était cette tribu qui campait là ? Délaissant ses chameaux, il franchit le monticule de sable qui le séparait du campement et tomba nez à nez avec un vieux berger accroupi près d'un feu. Le vieil homme entretenait la flamme avec une branche de genêt. Il avait placé une petite théière d'émail bleu en équilibre sur la braise. À côté de lui, deux petits verres décorés de dessins multicolores étaient posés à même le sable.

Lorsqu'il vit Brahim, le berger se leva et, d'un geste ample, rejeta sur son épaule un pan de son burnous. Il prit la théière et fit couler doucement le liquide sirupeux dans les petits verres jaunis. Il en présenta un à Brahim et lui dit :

— Je te salue, Brahim ! Tu as bien fait de

venir ici... N'as-tu jamais sondé ton cœur ? Es-tu satisfait de ta vie sans lumière ?

Brahim, stupéfait que cet homme pût le connaître, prit toutefois le verre qu'on lui tendait et s'assit près du feu. Dans le désert, on ne refuse pas de partager le thé. L'un après l'autre, cérémonieusement, il but les trois verres traditionnels que le vieux berger lui proposa. Ce dernier continua de s'adresser à lui tout en le fixant d'un étrange regard bleu :

— Tu as bien fait de venir ici car Allah a eu pitié du vide de ton cœur... Tu as passé ces dernières années dans l'obscurité car personne n'attendait ton retour sous ta tente... Or, ici, dans ce campement, vit une jeune fille qui fera ton bonheur... Elle s'appelle Aïcha... À toi d'ouvrir les portes qui te mèneront jusqu'à elle...

Brahim resta un moment interdit devant les paroles du vieillard qui semblait tout savoir de lui, puis lui demanda :

— Comment sais-tu que cette jeune fille doit faire mon bonheur ? Et qui me dit qu'elle m'attend ?

— Je l'ai lu dans les étoiles ! Lorsque tu l'auras vue, tes yeux éblouis ne pourront plus l'oublier, lorsque tu seras loin d'elle, ton cœur saignera... C'est un bijou unique, une perle rare, un talisman si précieux qu'il mérite toutes les attentions et un amour sans trahison. Si tu ne me crois pas, continue à chercher tes chameaux. Moi je rentre auprès de son père, mon maître, le cheikh Sadok. Que la paix du ciel comble ton âme de douceur et de bonté !

Et le vieux berger ramassa sa théière et ses verres, éteignit le feu et prit la direction du campement.

Brahim ne savait que penser. Lui, l'homme raisonnable et réfléchi n'avait jamais été impressionné par quiconque. Mais cette rencontre et ces révélations soudaines le laissaient très troublé. Le regard de cet homme avait quelque chose de mystérieux... Il se souvint de sa mère. Elle lui racontait parfois des histoires de jeteurs de sort qui envoûtaient l'esprit des hommes... Non, il ne voulait pas y croire. D'ailleurs, il se sentait tout à fait maître de lui-même et rien ne l'empêchait de rentrer.

Brahim s'apprêtait à faire demi-tour lorsqu'il se ravisa. Il n'avait pas songé au mariage jusqu'à présent, mais il était en âge de prendre une épouse. La tradition et ses nouvelles responsabilités de chef de tribu l'imposaient ! Et si le vieil homme avait dit la vérité ? Si, à deux pas de là, vivait celle qui lui était promise ? Il était si près du camp... S'il attendait la tombée de la nuit, il pourrait se glisser jusqu'à la tente du cheikh, approcher Aïcha et ainsi il jugerait par lui-même de sa beauté. Patiemment, il attendit la fin du jour.

La féerie du soir exerçait toujours le même charme sur lui. Les nuages à l'horizon étaient teintés de rouge et d'or par les derniers rayons du soleil couchant. Ce spectacle le remplissait d'une admiration sans bornes et sa prière montait pour remercier Celui qui lui permettait de vivre un moment si merveilleux.

Le soleil plongea enfin dans les dunes. La lune, sa sœur blanche, prit sa place dans un coin du ciel. Le sable devint d'argent... Alors Brahim se faufila discrètement entre les tentes, jusqu'à la plus somptueuse, celle du cheikh

Sadok. Il ignorait encore comment parvenir jusqu'à Aïcha. Mais tout à coup, un pan de la tente se releva et une cohorte de femmes sortit de l'abri de toile. Brahim rabattit la capuche de son burnous sur son front et emboîta leurs pas à bonne distance. Les femmes se dispersèrent aussitôt dans plusieurs tentes, quelques mètres plus loin. Sans hésiter, Brahim suivit la dernière. Il ne voyait pas son visage mais son allure, sa démarche exprimaient tant de délicatesse et de grâce... Il lui laissa le temps d'entrer puis il se dissimula dans le pli de la toile. Enfin, à la lueur d'une petite lampe posée sur le sol, la belle Aïcha se dévoila... Brahim ne respirait plus... La jeune fille qu'il découvrait était d'une beauté sans pareille : sa longue chevelure noire, son visage, ses yeux, sa silhouette, tout n'était que perfection.

Brahim resta plusieurs minutes sous le charme de cette apparition, puis il abandonna sa cachette pour rejoindre son campement. Il avait oublié ses chameaux, une seule pensée occupait maintenant son esprit : Aïcha serait son épouse. Couché sur son tapis, le jeune homme ne put fermer l'œil de la nuit. Il avait entendu parler du cheikh Sadok. C'était un homme fortuné et puissant. Pour épouser sa fille, il faudrait offrir des présents à la hauteur de cette réputation ! Mais lui, Brahim, ne possédait pas grand-chose, seulement quelques chameaux, ni or ni pierres précieuses. Et puis, si par bonheur il disposait de telles richesses, il lui faudrait tout de même attendre de longs mois avant le mariage. Ainsi le voulait la coutume. Et Brahim se souvint des paroles du vieillard dans les dunes... « Lorsque tu seras loin d'elle, ton cœur saignera »... Jamais le respect des traditions ne lui avait été si pénible à supporter ! Jamais les règles édictées par ses ancêtres n'avaient été si difficiles à suivre !

Il passa le reste de la nuit à échafauder mille plans pour arriver à ses fins. Au petit matin, sa décision était prise. Il savait comment s'y prendre./

Le soleil levant avait à peine coloré de rouge le sommet de sa tente qu'il convoqua deux de ses meilleurs hommes. Il s'adressa à chacun d'eux :

— Hamar Tahar, tu vas prendre la route du sud et, sur ton chemin, tu trouveras le campement du cheikh Sadok. Tu lui présenteras les respects de notre tribu et tu lui transmettras cette invitation : nous donnerons demain un repas en son honneur, il sera le bienvenu, lui, sa cour et ses guerriers. Allez, pars sans tarder !... Quant à toi, Moubarek, choisis une vingtaine d'hommes, qu'ils préparent leurs *méhara* et qu'ils se tiennent prêts pour demain ; suis-moi, je vais te dire ce qu'il faudra faire...

Quelques heures plus tard, Hamar Tahar revint avec la réponse du cheikh Sadok. Surpris et flatté, le vieux cheikh avait répondu favorablement à l'invitation et annonçait son arrivée pour le lendemain matin.

Dès les premières lueurs de l'aube, aux ordres de Brahim, tout le campement des Fouaziz plongea dans une animation fébrile. Lorsque le soleil eut atteint son zénith, les chaudrons étaient déjà brûlants et le mouton était prêt. Des dizaines de plats, épicés, sucrés, salés, attendaient les invités. Musiciens et danseurs avaient revêtu leurs habits de fête, et les guerriers arboraient leurs tenues d'apparat. Soudain, on entendit un cri. « Les voilà ! » Au loin, une longue caravane s'approchait lentement. À sa tête, le cheikh Sadok, vêtu de blanc, prenait une pose avantageuse sur son chameau de parade... Brahim, portant le lait et les dattes comme le veut la coutume, s'avança à la rencontre de son hôte, tout en cherchant du regard sa bien-aimée.

La fête pouvait commencer. Elle fut magnifique. Le repas dura plusieurs heures et chacun s'enthousiasma pour les joutes oratoires au cours desquelles les poètes des deux camps rivalisèrent d'esprit et de sagesse.

Enfin, la nuit arriva. On alluma des torches et on fit place aux danseuses. Elles s'agenouillèrent, leurs bijoux étincelant de mille éclats sur leurs robes noires. Au son du tambourin et des chants gutturaux, au rythme du battement des mains, elles commencèrent à tournoyer sur elles-mêmes. Puis elles se relevèrent et leurs chevelures fouettèrent l'air, d'avant en arrière, tourbillonnant, de plus en plus vite. Les youyous des femmes éclataient après chaque belle envolée et les hommes marquaient la cadence en martelant de leurs pieds le sable durci. C'est alors qu'un homme surgit, venu de nulle part. Traversant le groupe des danseuses, il vint se prosterner devant le cheikh Sadok. Un silence brutal s'abattit sur l'assistance.

— Maître, maître ! s'écria l'homme, notre campement a été attaqué... Les chameaux, les moutons... toutes les bêtes... ils ont tout pris !

Le cheikh Sadok, un instant abasourdi, se leva alors d'un bond. Il allait parler lorsque Brahim lui empoigna le bras et lui dit, d'une voix très sûre :

— Ne t'inquiète pas, cheikh Sadok, tes voleurs n'iront pas loin ! Je connais bien la région... je vais te ramener tes troupeaux !

Puis il s'adressa au témoin :

— Parle ! Les as-tu reconnus ? Dans quelle direction sont-ils partis ?

L'homme encore apeuré lui répondit qu'il s'agissait de guerriers et qu'ils avaient fui vers l'est. Brahim donna quelques ordres et, en quelques minutes seulement, un groupe d'hommes était déjà à dos de chameau, prêts à partir en expédition.

— Toi et ta suite pouvez rester ici pour la nuit, dit alors Brahim à son hôte, nous allons préparer les tentes.

Et tout en enfourchant sa monture, il cria :

— Je te promets de retrouver ton bien d'ici à demain. Ce crime ne doit pas rester impuni !

Et il s'enfonça dans la nuit.

Sadok fut impressionné par la détermination du jeune homme et lui accorda sans détour toute son estime – lui qui, pourtant, était de nature méfiante. Mais tout en Brahim inspirait la confiance. Le vieux cheikh désigna quelques-uns de ses guerriers pour qu'ils retournent à son campement et en assurent la sécurité. Il s'installa avec sa cour dans les tentes dressées par les Fouaziz et attendit le retour du jeune chef.

Au lever du jour, un guetteur annonça l'arrivée de Brahim. Derrière lui, ses hommes guidaient un important troupeau où se mêlaient de nombreux chameaux et presque autant de moutons. Dans le campement, ce fut une explosion de joie. Brahim parvint jusqu'à Sadok et mit pied à terre. La main sur sa poitrine, il s'inclina devant le cheikh :

— Voici ton cheptel, dit-il, mais j'ai failli à ma promesse et je n'ai pas pu rattraper les voleurs. J'implore ton pardon.

— Il n'y a pas de pardon à donner, répliqua Sadok, tu as retrouvé mon troupeau et c'est l'essentiel. Pour nous, nomades, les bêtes sont notre bien le plus cher et tu le sais. Célébrons plutôt ce succès qui me restitue ma fortune !

Et de nouveau, ce fut la fête ! Toute la cour de Sadok y assista. Et parmi les femmes voilées, Brahim n'eut aucun mal à reconnaître la majestueuse silhouette d'Aïcha. Il en oublia de manger et de boire... Le berger avait vu juste ; ses dernières années n'avaient été qu'obscurité et Aïcha était désormais sa lumière. Au cours du repas, le vieux cheikh prit la parole et de manière solennelle s'adressa à Brahim :

— C'est un jour de liesse et j'ai une dette envers toi, demande-moi n'importe quelle faveur et je te l'accorderai !

Pour Brahim, c'était l'occasion tant attendue, le moment de vérité.

— Grand cheikh, déclara-t-il, Allah a voulu que nos routes se croisent, et une noble cause a scellé notre estime mutuelle. Ne vois-tu pas là un signe ? Pourquoi ne pas réunir nos destinées ? Je sais que ta fille n'est pas encore mariée et il est temps pour moi de prendre une épouse. Tu connais ma valeur et celle de mes hommes ; ta fille sera en sécurité avec moi... et toi, tu pourras toujours compter sur mon aide...

Que répondre à cela ? Le cheikh Sadok ne s'attendait certes pas à une demande en mariage ! Mais une dette était une dette et, en chef avisé, il percevait aussi les avantages d'une telle union. Après quelques instants de silence, qui parurent interminables, Sadok donna son accord. Mais Brahim ne s'arrêta pas à cette première requête.

— Dans deux jours, je dois reprendre la route du sud, il nous faudrait conclure ce mariage au plus vite... Pourquoi pas dès aujourd'hui, avant ton départ ?

Sadok fut un peu surpris de tant d'impatience et contrarié de voir bafouées les convenances et les traditions. Mais il avait donné sa parole. Avant la fin du jour, Brahim et Aïcha furent mariés.

Pendant des mois, les deux jeunes connurent une félicité sans nuage. Brahim était fou de bonheur et Aïcha elle-même était heureuse de la prévenance de son époux qui la comblait de cadeaux et d'attentions.

Un an passa. Les deux familles continuaient à vivre leur existence de nomades. L'erg El-Ouar, parsemé de puits profonds, avait reçu un peu de pluie cet hiver-là... L'herbe était abondante, les chameaux étaient gras et Brahim était heureux. Alors, un soir, sous sa tente, il se laissa aller aux confidences... Il eut envie de raconter à Aïcha de quelle ruse il avait usé pour la conquérir :

— Je ne remercierai jamais assez Allah de m'avoir inspiré ! Tu sais, Aïcha, si je n'avais pas organisé l'attaque de ton campement, tu ne serais pas ici avec moi...

Aïcha ne dit mot. Mais elle sentait monter en elle le ressentiment. « C'est donc ainsi, pensait-elle, que Brahim a conquis l'amitié de mon père ! Qu'il a cédé à la tromperie et méprisé les traditions, lui le Cheikh-El-Orf ! Brahim n'a rien donné pour m'obtenir ! Il n'y a pas eu de vrai mariage, pas de fête ! Je ne suis que le prix d'une dette née du mensonge, la récompense d'un faux service rendu ! Je dois répondre à la ruse... par la ruse ! »

Et avant de s'endormir, elle imagina à son tour mille stratagèmes. Au petit matin, sa décision était prise. Elle savait comment s'y prendre.

Dès qu'elle vit Brahim, elle parla des révélations qu'il lui avait faites la veille et lui reprocha sa trahison. Brahim n'avait pas l'habitude d'entendre des remontrances de la part de son épouse.

— Tu es bien téméraire de blâmer aujourd'hui ton maître et ton époux !

Aïcha sourit et lui répondit :

— La témérité serait de t'avouer moi aussi certaines choses sur cette fameuse journée !

— Parle, Aïcha, que veux-tu dire ?

— Sache, mon cher Brahim, que ta ruse a été surpassée par une ruse plus habile !

Brahim s'avança vers Aïcha et la regarda dans les yeux.

— Peux-tu m'expliquer enfin ce que signifient ces paroles ?

— Je t'annonce que mon père a été plus habile que toi ! Tu as été franc avec moi, je vais l'être avec toi... Apprends donc que je ne suis pas la Aïcha que tu as si ardemment convoitée !

Brahim saisit alors sa femme par les épaules.

— Je suis sa sœur ! Nous nous ressemblons, c'est certain, mais ma sœur est encore plus belle que moi ! Mon père n'a pas voulu donner cette merveilleuse beauté à un homme qui n'a fait que rendre quelques chameaux ! Aïcha est toujours sous sa tente et attend celui qui proposera à notre père la dot à la mesure de son incomparable beauté... C'est la raison pour laquelle tu as pu partir sans rien donner à mon père...

Brahim avait relâché son épouse... Aïcha se

réjouissait du trouble qu'elle avait suscité chez Brahim et elle continua :

— Si tu ne me crois, envoie ton plus fidèle serviteur chez mon père, il pourra te dire si j'ai menti ou non !

Brahim ne savait plus que croire. Avait-il été berné ? Il devait faire la lumière sur tout cela.

— C'est avec mes propres yeux que je dois regarder la vérité en face ! Je me déguiserai en marchand de parfums et je pourrai ainsi approcher ta sœur... si elle existe ! Tu attendras ici mon retour !

Une heure plus tard, il monta son méhari et prit la direction de l'ouest. Pour Aïcha, tout se déroulait comme prévu. Dès le départ de son mari, elle fit seller deux chameaux, revêtit ses habits de voyage et, avec un guide qui connaissait parfaitement le désert, partit elle aussi pour le campement du cheikh Sadok.

La surprise fut grande quand ses parents et ses frères virent Aïcha ! Elle fut entourée, fêtée, choyée... Elle révéla la raison de sa venue.

— Brahim a trompé notre père ! Il faut

qu'il confesse sa faute et paie la dot qu'il lui doit ! Il doit respecter notre famille et la tradition ! Il va arriver d'un moment à l'autre, déguisé en marchand... voilà ce que nous allons faire...

Aïcha expliqua à chacun le rôle qu'il devait tenir puis elle demanda que des servantes viennent l'aider à mettre sa beauté en valeur. On maquilla ses paupières, on redessina le contour de ses lèvres, on coiffa ses cheveux que l'on noua de mille rubans, on l'habilla d'une robe magnifiquement brodée, ses poignets et ses chevilles furent parés de bracelets d'or et d'argent.

On attendit alors l'arrivée du faux marchand.

Brahim ne fut pas long à se présenter devant la tente du cheikh Sadok. Avec sa *gandoura* de laine sale sur sa djellaba de coton trouée, son sarouel noir, un *chèche* autour de sa tête et ses pieds nus dans des sandales de cuir usé, on avait de la peine à le reconnaître.

Il se mit à annoncer d'une voix forte la nature des objets qu'il proposait à la vente...

La mère d'Aïcha sortit de la tente et s'approcha de lui :

— Voilà une visite que j'espérais depuis longtemps, lança-t-elle d'une voix enjouée, je crois que ma fille Aïcha sera également heureuse de vous acheter quelques flacons... Entrez, nous allons choisir !

En entendant ces mots, Brahim fut déconcerté... Aïcha était donc bien ici ! Il pénétra dans la tente. Sa belle-mère commença à examiner les petits flacons dans la petite caisse qu'il portait devant sa poitrine ; elle les ouvrait, les sentait, les reposait les uns après les autres... Brahim s'impatientait. D'un air aussi détaché qu'il le put, il lui demanda en souriant :

— N'y avait-il pas autrefois deux filles sous cette tente ?

— Certainement, répondit la mère, mais la plus jeune Malika a épousé l'an passé un cheikh venu du sud ; ainsi nous l'avons en quelque sorte remercié d'avoir ramené nos chameaux enlevés au cours d'une *razzia*... Espérons que le pauvre homme n'est pas trop déçu... Il comptait se marier avec l'aînée. Malika est loin d'avoir la beauté de sa sœur... et pour tout dire elle était très effrontée... Nous sommes contents de nous en être débarrassés à bon compte...

Brahim pâlissait en écoutant ces paroles. Il cherchait des yeux un endroit où s'asseoir lorsque Aïcha se présenta à son tour devant lui.

Le faux marchand de parfums croyait rêver. Jamais il n'avait contemplé une femme aussi belle... Ses yeux de braise luisaient comme deux pierres précieuses, ses gestes avaient la grâce d'une princesse, sa taille était si mince... L'albâtre pur devait être moins blanc que la peau de sa nuque et le miel moins doux que le son de sa voix...

Oui, il avait bien été abusé par Sadok !

Il n'avait plus qu'une envie : fuir ce lieu où il se sentait misérable et réfléchir à sa vengeance... Mais, soudain, la jeune femme frappa dans ses mains et ses trois frères, jusque-là dissimulés, bondirent sur Brahim. En quelques secondes, il fut couché à terre et se retrouva pieds et poings liés !

Aïcha fit de nouveau appel à ses servantes pour qu'elles lui rendent son aspect familier... Le maquillage effacé, les artifices de la toilette retirés, Brahim reconnut son Aïcha bien-aimée.

Elle lui sourit avec malice. Elle triomphait. Elle l'avait surpassé en ruse et en ingéniosité. Le cheikh Sadok fit alors son apparition.

— Brahim, lui dit-il, non seulement tu me dois réparation mais il faut que tu t'engages à me verser la dot que tout prétendant doit présenter à son beau-père ! Qu'es-tu prêt à m'offrir pour garder ma fille ?

Et Brahim de lui répondre :

— J'ai envoyé vingt guerriers pour te dépouiller, je te donnerai vingt chameaux en dot. Mais j'implore surtout ton pardon et celui de ta famille. Seul l'amour que je porte à Aïcha m'a détourné de nos valeurs. Je jure de respecter à l'avenir les coutumes de notre peuple. Je veux à nouveau porter sans faillir le titre de Cheikh-El-Orf !

Vingt chameaux ! Cela dépassait de loin ce que Sadok escomptait. De plus, lui qui connaissait les hommes percevait toute la sincérité du jeune homme dans les paroles qui venaient d'être prononcées. Et, le bonheur d'Aïcha était lié à cet homme – il le savait de sa fille elle-même.

Sadok accorda son pardon. On détacha Brahim et on le fit s'asseoir près d'une petite table ronde. Un vieux berger vint alors vers lui. Il portait une petite théière d'émail bleu d'une main, et de l'autre, deux verres jaunis gravés de dessins multicolores. Il les posa sur la table et fit couler lentement le liquide sirupeux... Ils burent l'un après l'autre trois verres, comme le voulait la tradition...

— Tu as bien fait de venir ici, lui dit le berger. Et Allah se réjouit de voir que tu as retrouvé la lumière...

Le ghoule et le jardinier

Où l'on voit un ogre dérober la récolte d'un jardin et le jardinier lui tendre toutes sortes de pièges, en vain,... avant de demander l'aide d'une magicienne.

Mohamed était heureux de son sort. Cinq fois par jour, dans ses prières, il n'oubliait pas de remercier Allah de le faire vivre dans cette agréable oasis saharienne où le soleil et l'eau, les palmiers et les fleurs, les animaux et les hommes, lui donnaient déjà un petit aperçu du paradis.

Tous les matins, avant que la chaleur ne soit trop intense, il empruntait le chemin qui le menait jusqu'à la palmeraie, jusqu'à SON jardin. Entouré de palmes sèches qui empêchaient l'avancée du sable, le jardin de Mohamed était installé autour d'un puits ; de nombreux et beaux légumes poussaient là, bien irrigués, et protégés de l'ardeur des rayons du soleil par les larges feuillages des hauts palmiers des alentours. Si l'on ajoute à cela, les chants joyeux des bergeronnettes, des pies-grièches ou des fauvettes, qui se cachaient dans les abricotiers, les grenadiers ou les jujubiers... on comprend mieux le plaisir que prenait chaque jour Mohamed à venir travailler dans un tel lieu.

Ce matin-là, Mohamed arriva de très bonne heure. Comme à son habitude, il se débarrassa de son burnous et de sa gandoura avant de se diriger vers le puits... Il accomplissait ces gestes machinalement, sans penser à grand-chose. Mais soudain, quand il parvint près des plantations, il poussa un cri de surprise ! La moitié de ses plants de tomates avaient été délestés de leurs fruits et les pieds s'étalaient lamentablement sur le sable sec ! On était venu dans la nuit lui voler sa récolte ! La surprise fit aussitôt place à la colère et Mohamed jura en prenant Dieu à témoin que le coupable ne resterait pas impuni !

Devant une telle désolation, il n'y avait rien à faire. Pour atteindre l'objet de sa convoitise, le voleur avait tout saccagé sur son passage, sans aucun respect pour le jardin. Mohamed aperçut des empreintes sur le sol... L'homme devait être grand, très grand même car le pied du jardinier ne couvrait que la moitié de la trace laissée dans le sable. Mohamed suivit ces pas le plus loin qu'il put. Malheureusement, ils se perdaient au milieu des arbres de la palmeraie...

Que pouvait faire le jardinier ? Continuer à se lamenter, c'était mal le connaître ! Il avait réfléchi. Selon lui, un voleur revient toujours sur le lieu de ses méfaits. Mohamed décida donc de ne pas rentrer chez lui. À la nuit tombée, il se cacherait et ferait le guet.

Comme prévu, quelques heures plus tard, alors que le soleil s'était couché, le jardinier était à moitié dissimulé par un monticule de sable et attendait le « criminel ». Ses yeux grands ouverts ne cédaient pas à la douceur de la nuit et le sommeil n'avait pas de prise sur lui... enfin le croyait-il, car au bout d'un certain temps, il finit par s'endormir.

Un craquement de branche le réveilla en sursaut. Il aperçut à seulement quelques mètres de lui une énorme silhouette qui se dandinait d'une jambe sur l'autre. Même s'il ne la distinguait que de dos, cette « chose » n'avait rien d'un homme. D'ailleurs, elle levait la tête de temps en temps et semblait humer l'air comme un animal. L'être étrange s'avança dans la lumière de la lune. Mohamed ne le voyait toujours que de dos mais il pouvait maintenant mieux l'observer. Sa tête n'était en fait qu'une épaisse chevelure noire d'où sortaient de chaque côté deux pointes d'oreilles effilées. Le large corps trapu était aussi poilu que celui d'un grand singe. Les bras touchaient presque terre et se terminaient par des mains aux doigts boudinés et griffus. Le monstre avait de courtes jambes arquées et d'énormes pieds qui semblaient recouverts... d'écailles !

Mohamed se souvint alors des histoires que

lui racontait son grand-père. Ce que ses yeux effrayés fixaient là, à ce moment précis, avait tout l'air d'un... d'un ghoule ! Oui, un ghoule, cet ogre malfaisant dont parlaient les anciens et qui, par le passé, hantait les jardins !

La créature s'approcha des plants de tomates, enfonça ses griffes dans les fruits mûrs et en dévora bien une dizaine. Puis, sans raison, s'enfuit et disparut dans l'obscurité de la palmeraie.

Paralysé par la peur, Mohamed ne bougea pas jusqu'au petit jour. Lorsqu'il retrouva ses esprits, il se précipita au village, qu'il traversa en furie :

— Le ghoule des jardins est revenu ! Le ghoule des jardins est revenu ! criait-il.

Il raconta à tous ce qu'il avait vu. Mais rares furent ceux qui accordèrent du crédit à cette histoire de monstre d'un autre temps.

Mohamed rentra chez lui, déçu de l'attitude des villageois à son égard. Personne ne l'avait cru, personne ne l'aiderait à vaincre le ghoule. Puisant alors dans un courage et une détermination qu'il ne se connaissait pas, il prit une grave décision :

— J'attraperai et je tuerai le ghoule moi-même !

Mohamed était ingénieux et habile. Il lui arrivait de confectionner des collets pour capturer les chacals qui s'introduisaient dans la palmeraie. « Le même piège, plus gros et plus solide, devrait suffire pour attraper la bête », se dit-il. Et, malgré la chaleur qui régnait cet après-midi-là, il se rendit dans son jardin et prépara son piège. Il doubla et même tripla l'épaisseur des cordes, prit mille précautions pour masquer l'astucieux mécanisme qui, il n'en doutait pas, emprisonnerait à coup sûr l'être malfaisant. Puis, à nouveau caché, il attendit la fin du jour. Il se sentait prêt. Cette fois, il avait à côté de lui son *boussaadi,* son solide couteau à manche de corne et à la lame si tranchante, que son père lui avait offert il y avait des années.

La nuit avait enveloppé le désert depuis longtemps déjà, et Mohamed avait succombé à la plénitude du sommeil lorsque...

Clac ! tels des fouets, les cordes heurtées par les pieds du ghoule se tendirent ! Dans le même mouvement, elles lièrent ses jambes et il tomba lourdement sur le sol ! Un hurlement de douleur à glacer le sang se répandit dans toute la palmeraie.

Mohamed saisit alors son poignard et se précipita hors de sa cachette. Mais les puissantes griffes de la créature eurent vite fait de couper les liens qui la retenaient. Et le jardinier n'eut pas le temps de parvenir à sa hauteur. Le monstre s'échappait et se perdait déjà dans la nuit noire.

Mohamed était désespéré. Le piège qu'il avait imaginé n'avait résisté que quelques secondes ! Et son plan n'avait réussi qu'à dévaster l'autre moitié de ses plantations !

Il n'avait plus qu'à rentrer chez lui !

Le lendemain, Mohamed reprit le chemin de son jardin, certain d'une chose : le ghoule ne le laisserait plus en paix ! Perdu dans ses pensées, le jardinier ne se souciait guère de l'individu qui boitillait sur la route étroite. Il le heurta par mégarde.

— Mille pardons, s'excusa Mohamed revenu à la réalité.

— Je vous cherchais, dit curieusement l'homme dont la taille était impressionnante. N'êtes-vous pas celui qui a découvert le ghoule ?

— Euh... oui, hésita à répondre Mohamed.

— Il faut pardonner l'incrédulité des villageois, continua l'inconnu. Ils se refusent à admettre ce qu'ils ne comprennent pas. Moi, je peux vous aider. Vous croyez aux esprits et à la magie, n'est-ce pas ? Une *Seh-Hara* campe justement non loin d'ici, à l'ouest de la palmeraie... Allez la consulter de ma part, elle saura comment agir.

L'homme n'attendit pas de réponse. Il quitta Mohamed en le saluant de la main et reprit la route tout en claudiquant.

Le jardinier reprit sa route lui aussi. Mais il ne cessait de réfléchir : « Peut-être est-ce la solution ? Seuls les maléfices peuvent venir à bout d'un être maléfique ! » Et sans vraiment s'en rendre compte, il se dirigea vers l'ouest. Au détour d'une dune, il aperçut en effet une tente, plantée au flanc de la colline de sable. Une femme se tenait assise, à l'ombre de la toile. Mohamed se présenta et expliqua les raisons de sa visite.

— Je connais le ghoule des jardins, répondit la Seh-Hara. Tu as de la chance, je viens de fabriquer de l'écume de lune... C'est une préparation rare et il t'en coûtera quelques pièces d'or. Mais cette potion te permettra d'anéantir le monstre. Il suffira d'en déposer sur l'une de tes tomates et la magie opérera. Mais attention, tu ne dois pas être présent, car la magie est puissante et pourrait te détruire !

Mohamed était convaincu. Mais il n'avait pas sa bourse sur lui. Il fit promettre à la Seh-Hara de ne pas vendre la fiole à quiconque et lui dit qu'il reviendrait le soir même avec l'argent.

Il tint parole, rapporta une pleine bourse de pièces d'or et récupéra la potion juste avant la tombée de la nuit. Il courut jusqu'à son potager, versa le précieux liquide sur non pas une, mais vingt tomates – pour plus d'assurance – et retourna chez lui, suivant ainsi les consignes de la magicienne.

La première tentative fut la bonne. Du village, on entendit au beau milieu de la nuit, un cri terrible, puis plus rien. Lorsque, au matin, les villageois accompagnèrent Mohamed à la palmeraie, ils découvrirent des empreintes de pas gigantesques, une vingtaine de tomates éventrées, mais aucune trace du voleur. Pour le jardinier, la mort du monstre ne faisait aucun doute. La magie était si puissante que le ghoule s'était littéralement volatilisé !

Les jours suivants, Mohamed ne reçut plus de visite nocturne. Chaque matin, il regagnait son jardin et se félicitait de voir pousser sans soucis fruits et légumes... même si cette tranquillité lui avait coûté une petite fortune !

La mésaventure de Mohamed et son heureux épilogue furent connus de tous. On en fit une fable que l'on joua sur les places de marché. Un jour, une représentation eut même lieu devant le cheikh Omar et sa cour. L'assistance se passionna pour cette histoire extraordinaire. Seul un couple de bédouins n'avait pas prêté attention aux conteurs et aux acteurs. La femme, d'allure ordinaire, portait à sa ceinture un chapelet de petits flacons colorés. L'homme, incroyablement grand, boitait en marchant et serrait sur sa poitrine un grand sac d'où s'échappaient une drôle de perruque sombre et... un costume d'écailles !

GLOSSAIRE

BURNOUS : pélerine de laine, à capuchon

CADI : sage

CALIFE : souverain musulman, successeur de Mahomet

CHAOUCH : serviteur

CHEIKH : chef de confrérie

CHOTT : lac salé

DEGOUL : palmier sélectionné, venu à partir d'un rejet

DJELLABA : revêtement de laine à demi-manches et à capuchon

DJINN (pluriel : « djennoun ») : esprit, génie, lutin

DOURO : monnaie arabe

EUPHORBE : arbrisseau renfermant un suc laiteux

FELLAH : paysan, cultivateur

FENNEC : petit renard des sables

GANDOURA : sorte de tunique longue, à manches courtes

GECKOS : lézards grimpeurs nocturnes

HAKIM : savant

KACHABIA : vêtement de laine avec manches et capuchon

KSAR : vieille ville, vieux quartiers

MEHARA (pluriel : « mehari ») : chameaux de sable

RAZZIA : pillage

RETEM : herbe aux verts cicatrisantes

SAHANES : couloirs entre les dunes

SALAM-ALEIKOUM : littéralement : « le salut sur toi ! »

SAROUEL : pantalon vaste et bouffant

SEH-ARA : sorcière douée du mauvais œil